KB262644

또다른 이름되어

불광출판부

ⓒ 정운, 1995

불광우려시선 5

淨雲

또다른이름되어

세원사

녹차향

가득히

합장하는

도반의 감로수

한 모금

— 심응섭 교수 축시 중

책머리에 부치며

나는 누구에게 시를 배운 적이 없다.
또 누구에게 '시가 이런 것이오'하고 건네줄 만큼
큰 시인이 아닌 것만은 자타가 다 공인하는 사실이다.
세번째 시집을 어떤 핑계이든 또 내면서도 나는
큰 시인이 되기를 원하거나 욕심을 부리지 않는다.
아마 내가 시를 쓰는 동안은 그리 살아갈 것이다.
허허로운 가슴 속에 본능적인 행위의 출구를 찾고싶어 노래
를 부를 뿐이다.
그 이상도 그 이하도 내게는 없다.
다만 이 노래의 평가는 읽는 사람
스스로가 하겠지만.
이름 앞에 부끄럽지 않은 나다운 참한 비구니로
어제도 오늘도 그러고 싶어
또 하나의 이름을 붙여

내 품에서 떠나 보낸다.
제자(題字)를 써주신 이돈흥 선생님,
남도의 자락에서 큰 이름 걸고
시 이야기 스스럼없이 해주신 송수권 님
다시 한번 더 이 지면을 빌어 나의 깊은 마음을 드리며
끝으로 나의 시를 나보다 더 좋아하며 두런두런 읽어주실
늘빛 님께 이 기쁨을 드리고 싶다

을해년 청명(淸明)

만세보령기슭에서 정운 손모음

차례

정운 스님

심응섭(혜전 교수, 시인)

그 어느날
불가의
뭉게구름 솟아
한 몸
비구니 되시니
중생의 허물
정화하는
운집의 빗줄기
정운

청량한 강바람
산하
돌고 돌아
쏟아내리는
청정한 법시

어느 뉘
공덕의 윤회로
한 송이
연꽃이 되었나

가슴으로 사는 사람들
달을 보는 섬
또 다른 이름 되어
사람의 향기
글뫼
곤륜산 이루어
다시금
맑아오는
우리네 가슴

세원사
녹차향
가득히
합장하는
도반의 감로수
한 모금

또 다른 이름 되어

동인지 『이슬을 털며』
내 품으로 오던 그날

서울 하늘은
그리
흐리기만 하더니

내가 그 안에 있는 동안
또 다른 이름 되어
미끄러지는 듯
떠밀려
긴
기다림의 운율은
시(詩)가 되어
장항선을 달린다

바다가 있는
어느 시인에게로,

늘 가고 오는
길목이지만
새삼
떨리는 가슴을
부여잡은
말과 생각은
여물어
이름이 되고
흐르는 샘물이 되어
약속된 곳에서
천 년의 가락으로
피어나지만

나는
어차피
대천에서 내려
매일 아침
이슬을 털며
수많은 말들을
삭제하는
기능사로
기억되어야 하는
필연적인 이름 하나에
모두를 내맡긴다

오늘도 그렇고
내일도 그러하듯이
내 앞에
움틀거리는
이
팔만사천 가지
연극이
끝날 때까지
숨 쉬어 주어야 할
또다른 이름

그 앞에 서면
나는
늘
고개 들 수 없는
큰 죄인이어라

1994년 구정날

삭풍이
민족 대이동을 시샘한다
왼종일
전기조차 앗아가고

어둑밤이
자욱하게
낀
소원성취
촛불 하나로
방 안 훈기를 얻으려는
재치기 소리

연기 없는
촛불은
휘황히 춤추고
삭풍의 소리에
동요되어 가는
차디찬 육신

공양올린
김 빠진
떡국을 먹으며
나의 한 해는
또 이렇게 시작된다

무에 이르는 수행의 길목에서

36
무쇠를 용광로에 녹여
마음이란 걸 만들고 싶습니다
아집을 녹여 변함이 없음을
내보이고 싶습니다
헌데 늘 망상이라는 것이 앞을 가립니다
한 티끌 속에 시방세계를 다 내보이시는
당신의 힘은 정말 부사의한 힘입니다

37
날마다 나를 길들이는 일에
게을러져 가고 있습니다
나를 기다려 주지 않는 시간에 대한
두려움이 커지는데도
나는 회색빛 타성에 젖어 속으로 점점
침몰해 갑니다

38
또 법난, 개혁, 개혁

목숨 꽃을 뿌린 조계사 앞마당
어리석음을 사루는 행진이
풍파를 휩쓴 뒤 당신 손바닥 위로
작은 연꽃이 바람 타고 서서히 다가옵니다

39
불타는 여름
실종해버린 장마
잡풀은 갈증으로 하늘님을 원망하는데
장삼 속 굵은 땀줄기는
내 숨은 듯 잠재우는
님에 대한 갈증이외다

40
가슴에 살아 있는 그리운 그것이
다 없어질 때까지 정성을 모아
님께 드리겠다는 약속 때문에
이별이 보이는 만남을 또 시작했습니다
맑은 하늘이 보이는 단풍이 많은 길목에서
말입니다

41
님의 노래 소리 듣노라면
내 길들여진 거친 습관들은

마구 무너져 버립니다
인간적인 삶의 노래들이
나래를 펴고
온갖 장애를 거두어 가기 때문이죠

42
조각달 앞에 서성이는 그림자는
님 앞에 보일 수 없는 번뇌망상이었습니다
잠시 마음에 틈이 생겨
님의 존안을 우러러 보지 못한 탓입니다

43
아침을 열기 위해
당신 앞에 촛불을 당기는
하나의 성냥개비에 비치는
당신의 그 미소조차도 내 전부인 듯 가슴에
그려 넣고 일심정례합니다

44
버릴 수 있는 용기가 남아 있어
훌훌 털어버리고 일어설 수 있는
우울한 결단을 내린 나의 시간은
중생의 아픔마저 당신의 아픔인 양
자비로 감싸는 당신을 닮아가자면

수행이라는 이 껍질을 빨리 벗기는 일입니다

45
사치와 방관의 자로 참된 사랑을
빗질하는 무리는
당신의 신성한 제단을 무시한 채
유혹의 손길을 거침없이 내밀고 있습니다
자비의 비를 듬뿍 내리시어
그 어리석음을 타파하소서

46
더 진실하기 위해 촛불을 끄고
어둠 속에서
나 자신이 어디에서 왔다가
어디로 갈 것인가에 대해
당신을 찾고 있습니다
당신은 옴도 감도 없이 자유로우신데
나는 오고 감에 수없이 걸리고 있습니다

47
어떤 사람이 내게 와서 말했습니다
시란 먹고 할 일 없는 사람의 넋두리라고요
내가 시를 잉태하는 고통을 모르는
그를 무지한 사람으로 보고 싶지 않아서

눈길 한번 주지 않았습니다
그건 그 사람의 깊이고 견해이니까요

눈길 한번 주지 않았습니다

그건 그 사람의 깊이고 견해이니까요

운문사에 갔더니

언양에서
운문령을 넘나드는
구름의 문은
흰달에
반쯤 걸려
물소리
솔바람 소리 밀어내고
홍송줄기 따라
고향으로 돌아온
간경소리

텅빈 산자락 자락에
향 없는
향기로
감돌게 하는
백옥 같은
눈망울 꽃들
환하게
비천하는 관음

마음을 자라게 해주는
댓돌 밑에
함초롬히
반짝대는 수많은 흰나비*

아름다운
수도의 열정이
흰구름
푸른 구름 되어
거친 오늘을 정화하는
산의 얼굴

이곳에 와서
무엇을 말하리
무릎 꿇어
지심정례 올리는
내 가슴에 날고 있는
전부가
거룩한 말씀인데

---

* 흰고무신

보이지 않는 모습

내 안에
보이지 않는
또 다른 나와
매일 매일 싸운다

작은 것에도
야문 마음을
흔들어대는
감성의 여린 자욱이
다가설수록
습관적으로 앓는 불치의 앓이

눈에는
그 어떤 형상도
나를 일깨워가지 않지만
마음 가득
손을 내밀어
나만이 보는 그 모습
나는
가만가만 내 안에서 듣는다

수석(壽石)

강원도 영월 박기동 씨가
그 넓은 골을 누비며
하나의 보석으로 만질 때
물 속의
무정물*이
아니라
영원을 숨쉬는 마음의 문

---

* 무정물(無情物)이

백양사 가는 길

눈이 시리도록
높아보이는
하늘이
더 높아보이는
그 날
이별이 보이는
만남은
붉은 비단으로
겹겹히 깔아
땅 가득
사람 소리로 들리게 하더니

한가닥 붙잡을 것도 없는
허무를 삭일 수가 없어
산 정상으로 되돌아 오는
운명처럼 묵묵히
실려가는 산나무

나무토막처럼

굳어져 있는
내 삶의 의미는
진정
달관한 수도자의
모습이던가

큰 산에 앉은
부처의 시야에
정념의 불꽃은 물거품이 되는
시행착오

백양사 가는 길
저수지는
내 눈물조차
거부하는 듯
말라 있어도
나는
이별이 보이는
만남을 위해
백양 숲 길목에서만이라도
또 하나
이별의 눈빛을 만나리

억새꽃

산등성
허연 고개만
바람에 밀려
중심이 없는 듯
한없이
허우적거리는
날개없는
땅 위의 구름이여

망상

부질없는 연습이
머리 가득 메워
내 속에서 자랄 때
숨겨진 감정은
절절거리며
가슴앓이로
질서를 잃어버린다

명령도 받아들여지지 않는
그 성스러움 앞에서

동행

하늘이 같다고 해서
모습이 같아야 하고
부처를 닮아야 하고
조사를 닮아야 하는가

같은 생각
같은 습관에 길들여지길
욕심내는 것도
멀리 있을 때는
그 모습
흔적조차
기억에는 없어라

인간의 길이
참
편리한 대로
열려져 있다 하지만
자유로움을 찾는
내 뒷모습은

방황의 흔적을 지우는 듯
늘 흔들리며 떠밀려간다

버리치 못하는 시간을
그리움의 날개에 얹어
비행하는
자신감이라 하지만
그것은 방어를 위한 오만이더라

어둠 속에서
내민
손 끝에서 오는 전율은
이루어지지 않는 게임이었다

곶감

죽은 할미의
손끝이
가을을 골라
처마 밑을
하나하나 수놓는다

겨울밤
우는 아이 간식으로
호랑이도
무섭다는
전설이
한줄씩 두줄씩
처마밑
햇빛 속에 타오를 때

내 할미는
저승에서도 가을이 오면
맛든 감 깎아
가을을 수놓을까

조상 차례상에 오르기 전
내 입으로 먼저 들어가는 줄 알면서도
혼쭐은커녕
내 손이 잘 가는 곳에
늘 있는 할미의 손맛이
혼자서 가는
내 가슴을 오늘 이토록 울먹이게 한다

햇빛 좋은 날
억새꽃 만나러
오서산 오르다 마주친
어느 허름한 산집에
주렁주렁 달린 곶감은
정녕 내 할미의 모습이더라

극락왕생
지장경 몇 줄이
지금 할미에게
무슨 도움이 될까마는
내가 할 수 있는 것
이것뿐이지
나무 지장보살 마하살

그 가을 칠장사에서

물 바람도 없는
작은 개울이
글뫼를 이루지 못하고
숨 죽이며
물 드려진
그
서걱이는
칠현산
허허로운 저녁 바람소리
붉은 옷
한겹한겹
흐트러지는 듯
스스로 피는
그 가을 칠장사에서 만난
매무새

물새

흐름의 강가에
우두커니 앉아
물여울 보는
아침 물새
한 마리

자신과의 약속

정말 아니고 싶은데
피어오르는 또 하나의
무게는 삭아들지 않고
가슴을 조인다.

모두를 버릴 수 있다고
넉넉히 말할 때처럼
하나도
버릴 수 없는 본능

가장 어리석은 자만이
약속을 한다지만
버릴 수 없는
그 자리를 향해
한 치 마음 속을
다 말하지 못한다

늘빛

붓끝을
세워
한 획
우주를
점 찍어 가는
늘
빛

그 밝음이
너무 너무 커서
욕심을 훑어내리는
겸허한
붓사위
신비의
먹빛

인생을 걸었노라
날마다
누구에게 보이기 위함이

아닌
나를 보기 위한
깊은 눈을 가졌노라

화선지 위
뿜어내는
그
황홀함
손이
붓을 부른 것이 아니고
마음이
붓을 불러
언어의
자리를 낳았노라

가을 빛

지난
불 같은 여름을 걷어
서늘한
사랑의 무연주가
바심에는
아무런 도움이 되지 않는다고
한숨을 주는 이웃은
시멘트 바닥 위에서
폈다 덮었다 하노라
벼를.

중구절 쌍계사에서

아직
발끝까지
채우지 못한
단풍들만이
산머리에 깔려 있다

화개천
쌍계천
좌우 골짜기에서 내려오는
맑게 피는 물꽃
합쳐 흐르 때
그 물소리 곁에
떨어져 뒹구는 도토리
한 번 발길로 툭 차면
재빠른 다람쥐
겨울채비

하늘은
산더러

속히 내려가라고
물소리는 젖고 산은 비고.
제비 떠난 자리
단풍만 든다

기차소리

한번
크게
고함을 친다

매일 매일을
같은 시간
같은 장소를
가로 지르는
푸른 연기의 흔들림

엷은 구름은
새가 되어
침묵을 앗아가고
정적의 고요는
어둠을 내리 부순다

대지를 움켜 안아
크게 흔들어 깨우는 그 소리
소리는 소리로만 들릴 뿐

내 안에서는 들리지 않는다
그 소리가

우체부

짧은 낮 동안
다 낡은 오토바이
소리가 멎을 때
끝내
이루지 못한
사연 하나
붓끝으로 일으켜
한 겹
절정의 결벽을 벗어낸다
빨강 가방 속에서

벚꽃

뿔뿔히
휘날려 가다
나비도
잡을 줄 모르는
비구니

낙엽

담담할 수 없이
한물에
툭툭
떨어져 버릴
과거와 미래
서성이는
윤기 없는 메마른 소리
저물도록
그늘져 있는 그림자

난장이 고추대

너는
나에게 선택의 여부를 묻지 않고
나를 선택했지
그리고는
뒤돌아 짧은 후회를 했지

너가 생각하는 것 나도 생각할 줄 알고
너가 말 안하는 것 나도 말 안해

가뭄날 물줄 찾기를
왜 그리도 기대했는지 모르지
그때부터 나는 너를 의식하면서
가슴에 마구 집어 넣었지

그래도 하늘은 마구 맑았고
점점 더 멀리 높아져 갔기 때문에
구름은 아무것도 만들 수가 없었지

가을 저편 곁에

너는 어느날 자취도 없이 가겠지
그때 너가 낳은 닮은 모양 보고
산고의 이야기할 거야
우리의 밥상 앞에서
그때 또 다른 너를 만날 거야

번뇌

아무도 모를 것이다

선택에 의한 실수

웃지 못할 것이다

실수 없는 인생
참 재미 없다

내가 머리를 깎는 이유는

순수와 사랑은 5월의 라일락 잎을 맛본 사람만이
느낄 수 있는 것처럼
그저
밥먹듯이 자신을 끝없이 죽여가는 자만이
머리를 깎을 수 있다
움츠리는 자는 그 자리에 서서
떠밀려 가지만 용기있는 자는
시퍼런 삭두날에 사랑을 내 건다

철저한 절제와 자위 위로
끊임없이 조여오는
행위의 도박들은 인간이길 거부한다
그래야만 살아 남을 수가 있다

겉으로 드러난 모습에 눈이 시리다
위선에 첩첩히 둘러 싸여 있기 때문에
깊숙히 잠들어버린
자신을 내놓지 않는
또 하나의 위선

그래서인지 나는 머리를 자주 깎는다

안면도에서

바람 아래
해변
어느 촌락에서
백일홍 두 그루
모감주 한 그루
후박 한 그루
눈 앞에 점 찍어 두고
잘 살아보세
새마을 사업의
흔적도 없는
토담방에서
먹는 옥수수
그 위로
울어대는
여름소리 들으니
고향같은
마음이
염전에서
되살아 나더라

달롱재 3

설레임이 이는
나만이 가지는
마음의 풍경들이
그곳에 있기에
달려가
우두커니 서 있는
빈 자리를
채우려고 했다

허나
그 긴
가고 옴을
수시로 하고 있는
오늘날의 이별들이
무거운 시간을 확인한다

기억으로 쏟아내고 싶은
물망초꽃이
연못의

물 위에 떠있는
한가위를 보고싶어 하지만
하늘은
그 날
달은 구르며 옮기지 못했다

속 마음으로도
물어 볼 수 없는
아가금붕어들의 사랑에 겨운 몸짓

주인은 그것도 모르는 채
먹이만 먹이만
자꾸 휘뿌려주고 있다

지금 나는

아이 때는
빨리 어른이 되고 싶어
늘 어른놀이를 했지

지금
어른이 된 나이가
한참인데도
어른은커녕 아이라네

머물러 있는 듯 하다고
믿고 사는
육신의 모양은
모양일 뿐
변함이 없네

몽돌이

－거제도 학동 해수욕장

너의 출생지는
거제도 학동리
짠물에 잠겨
파도의 부피만큼 내리칠 때
몽돌 몽돌
소리를 부르며
네가 네 이름을
수없이 되뇌이는 작업으로
내게로 잠적하려고 했지

한번쯤
떠나보자는
여행길에
너를 만날 수 있었던
행운이
예 보령으로 내려 놓았을 때
너는 너의 소리를 죽이며
너의 무게 속으로

꼭 꼭 숨어 가려고 했지

짠물이 아닌
샘물 속에서
바다가 아닌
좁은 항아리 속에서
순순히 적응하면서
다시 돌아갈 수 없는
학동리 몽돌이를
재확인하려고 했지

사람들은
사는 데 따라
가는 데 따라
순응하면서
사는 것이 현명하다고
세뇌교육을 하지만

너는 너대로
거제도를 향해
그리움의 촛대에
불을 당기는구나

가을 장마

가을소리
사방에서 들리더니
울지도 못하는
청개구리 한 마리
아침이면
창틀에서
나를 깨우고
한낮엔
감미로운 음악에
혼 나간 듯 춤추더니
저녁이 되니
책상 위에
다소곳이 앉아
책 읽기를 직업으로 하네

하늘 아래 첫동네

푸름름을 타고
산을 내려 온
골짜기
마을은
남은 눈송이들을
머리에 얹은 채
봄꽃을 피우며
하늘로 하늘로
서려오는 연기 속에
구름은 하늘에
반쯤 잠겼어라

내 소리

보소
도대체 시란 것이 무엇이오
다
내 소리오

내 소리만 하다가
내 소리에
지치고 마는
그런 그런 말뿐이지요

그런데
왜
놓아버리지도
털어버리지도 못한
연습을 거듭하는지 모르겠소

이 업의 고리가
다음 생으로
이어진다 해도

나는
거부하지 않는
그런 그런 시인이어야겠소
그것이
훨씬 잘 어울릴 것 같지 않소

산에서

홀로
근심없이
산에서 살고 싶어
산에 갔더니

산 주인은
온데간데 없고
객들만
들쑥날쑥 하더라

보는 순간
모든 번민
걷어 치울
적격자라도 만날까

세상 가까이
울타리도 없이
집을 지어
아침 저녁

향 피워 올리건만

이 마음은
산빛따라
산봉우리에 서네

서로 통하는 것은

마음으로 사랑하던 사람은
꿈에서도 사랑을 하고
마음으로 미워하던 사람은
꿈에서도 미워하니

꿈꾸는 것과
깨어 있는 것은 하나
있는 것 없는 것도 하나

느끼는 감각이
저마다 다를 뿐
어찌
태어남과 죽음이 다르다 하리오

다보도(多寶島)

여름
유람선
그 힘이 없었다면
내 어찌
이 반짝이는
보석 위
발을 놓을 수 있었을까

파란 하늘
담근 듯한
쪽빛 물은
섬 사방으로 채워져
속속들이 버티고
감돌아
기괴한 바위돌을 낳았네

명사십리
풍류보담
천년도 더

씻기고 씻겨온
섬돌들이 더 아름다워라

사람이 살지 않는 이곳
이어진
올망졸망한
섬 속을
거니노라면

바깥세상
아웅다웅하는 소리
다보도에서는
어찌 들리겠는가

여름소리

동이 트고
해가 저물고 저물 때까지
나무끝 그것도 서서
20일을 처절하게 울기 위해
태어난 매미
잠깐 눈붙이는데 소음이라
슬퍼서 우는 것인지
즐거워서 웃는 것인지 모르는데
인간사
사람들은 다 울음소리라고 할 뿐
다른 소리는
들으려고 하지 않네

매화 그림

늙은 가지에
별처럼 촘촘히
잎도 없이
피기는 피었는데
향기는
눈서리에
그만 묻히고 말았네

붓장난

찾아오는 사람
드문
긴 낮 동안
문 닫아 걸고
화초석 위
먹을 갈아

큼직한
붓으로
한 점
내려 찍을 때

마음 속 일
다
쏟아 붓고 싶어라

한나절 산 허리에
묵향 향기 사라지면
선(禪)하는 듯 앉았다가

벽에 기대어
선잠을 자노라

화초석(花草石)*

석신(石神)과의
혼교(魂交)로 빚어낸
그 검고도
유리알처럼 반짝이는
화초석(花草石)

젖살 오른
아가살처럼
부드럽게 감싸고 있는
구욕새 눈 닮았다고 하는
구름 모양의 돌 눈

백운사
샘물 움켜
화초석 위 빚고서

---

* 화초석은 백운 진상석의 벼루임. 현 성주산 백운사 부근에서 김일
환 씨가 문헌에 의한 백운진상석을 채취 제작하고 있음.

묵향
그윽한 향내로
한가히 앉아
시(詩)를 쓰노라

화초석
깊숙히
대화하는
이 멋,
땅이 돌을 내시어
그 가운데 있네

벽에 핀 연꽃

서재엔
귀찮은 더위
한창인데

엷은
분홍빛 연꽃은
방 안 그득하네

어리석은 속인과
문자놀이로
어우러져 사는
내 방 벽면마다 마다에

만다라화
꽂아두고 간
월출인

꽃향기는
온데간데 없는데

그림 속
체취만 그립게 하네

체취만 그립게 하네

치자꽃

봄날 장터에서 여기까지
얼마 안 되는 값에
흥정이 되어
내 식구가 된 그 여린 묘목

어느새
혼백을 송두리째 쏟아 넣어
빚어낸 생명의 진수
날개를 활짝 펴고
그것도 가장자리가 아닌
모롱이에서
향기 가득 놓아버리고 있는
치자꽃의 감미로운 웃음

신들린 듯 추고 추고
또 추어도
지칠 줄 모르는
흰나비 금빛 잠자리
그 눈부신 몸짓들

아무리 피기 힘들고 지는 게 쉬운
꽃이라지만
겹겹히 가리워진
잎잎이 생겨난 정념의 붓꽃을
내 어이 알리

아무리 피기 힘들고 지는 게 쉬운
꽃이라지만
겹겹히 가리워진
잎잎이 생겨난 정념의 붓꽃을

작은 모임

어떤 모임에 갔었지

주름살이 이마 위로 하나 둘 자리 잡아가고
삭발·끝
맨머리인데도
하룻밤 지나고 나면 반사된 흰 머리
그래도 현실을 거부하지 않고
당당히 헤엄쳐 저 언덕으로 가고저 하는 불혹의 나이
삶의 여정을 챙겨가면서
잠시 잠시 그리운 이들 불러놓고
살아가고 있음을 확인하는 작업

쉼없이 흐르리라

장마 그리고 소낙비

목을 내걸은
길다란 줄기
검은 기운에 휩싸인다

아주 잠시 잠깐도
머묾이 없이
땅을 향해
하혈을 한다
그것도
아주 길게 말이다

반짝 햇볕에
겨우 풀질한
모시옷은
올올이 취한 듯 누워
일어날 줄 모르고

눅눅한 방 안
침향의 향기가

여우비 속으로
낙조를 부르네

체감온도가 50도를 넘는 날

산이 높아
하늘이 낮은 줄 모르는
바람이 있어
여름을 그립게 하는 폭염

물 좀 주이소
물 좀 주이소
하늘님도 너무 하시지

거북등처럼
척척 갈라져 버린
갈증은 갈증으로
목 마른 하루

더위 속에서라도
알알이 투명한 구슬방울 같은 비를
땅에 가득 부어 주었음 하는 그 날
체감온도가 50도를 훨씬 넘었다

잔디도 아닌 것이

잔디도 아닌 것이
아무렇게 나서
이름없이 나뒹굴어지게 하는 되풀이

비온 뒤
하늘 끝까지
땅을 흔들어 깨운다

땅은
완전에 있어 불완전을 두려워 하고
불완전은 완전을 갈망하는 것이
가장 현실성 있는 소유라 하는데

내게 있어
완전은 완전으로
불완전은 불완전으로 키워낸다

예배*

　　—님이시여

1. 님이시여
　　님의 품 안에 안기고저 향과 등불 올리옵고
　　일심으로 예배하나이다
　　그때마다 근엄한 목소리로 다가오신 님은
　　탐욕의 언덕에서 헤매이는
　　미혹한 중생들에게 지혜의 빛을 밝혀주시나니
　　일심으로 예배하나니
　　일심으로 예배하나니
　　시방삼세 님께 머리 조아려 예배하나이다

2. 님이시여
　　님의 곁에 있고저 향과 등불 올리옵고
　　일심으로 예배하나이다
　　그때마다 생명의 맑은 눈으로 다가오신 님은
　　모든 재앙 영원히 소멸하여

---

* 불교방송국 '94년 신작찬불가 가사임을 밝혀둠.

꿈틀거리는 미물까지도 피안으로 오르게
하시나니
일심으로 예배하나니
일심으로 예배하나니
시방삼세 님께 머리 조아려 예배하나이다

관음재일 2*

1

가슴 가슴에 피어나는
자비로운 미소를 머금으시고
중생의 아픈 곳 어디에서나
화현하시어 한올 한올 깁는
불심으로 이끌어주시는 관세음 보살님
오늘 지극정성 공양 올리옵나니 받으소서

2

가슴 가슴에 피어나는
아름다운 빛을 내리시며
중생의 아픈 곳 어디에서나
화현하시어 팔만법문
정진 불심으로 이끌어주시는 관세음 보살님
오늘 지극정성 공양 올리옵나니 받으소서

---

* 불교방송국 '94년 신작찬불가 가사임을 밝혀둠.

관음재일 1

1
더럽혀진 것 더욱 깨끗하게 해주시며
이 세상 깊이를 관찰하시는
관세음 보살님께
두 손 모아 절 하옵나니
천 개의 손 천 개의 몸으로
이 사바의 어둠 거두시옵고
영원한 자유의 감로수를 내리소서

2
깨우침의 모습 더욱 고귀하시고
이 세상 소리를 밤낮없이 들어주시는
관세음 보살님께 두 손 모아 절 하옵나니
천 개의 손 천 개의 몸으로
이 사바의 어둠 거두시옵고
지혜와 용기의 감로수를 내리소서

학

—성효 스님 그림 속에서

우연도 좋고
필연도 좋다
해후의 뜨거운
열림 속으로
너와 나
비상의 날개를 펴 본다

자리 지킴으로
한 걸음 성숙된
현실을 거부할 줄 모르는
두루미의
긴 외로운 터널 밖에서
아직도
서성이는 여행자

너는
세상에서
가장 향내나는

가사일 뿐
더 높은 소리도 없고
더 낮은 소리도 없다

목부원*

섬나라 안에서
사립문도 없이
사는 목부는
바다빛을 끌어들이고
바다에 취하지만
스스로 이름 없기를 원하는

푸른 섬

땀 흘러 익혀온
봄, 여름, 가을, 겨울
혼자서만 먹기에 부끄러워
아낌없이 주는
보이지 않는 깊이와
보이지 않는 무게

———————————

* 목부원은 제주도 신풍리에 있음

성긴 문발 넘어
귀에 익은 제비소리
통역없이도 알 수 있는
곰녀의 몸짓

그윽한 내 집에
마음은
허공이랑 비어 있네

무창포 그 바닷길이 열리던 날

하늘엔
누런 해와
흰 달이
맞닿고 있는 그 날

바다 안개는
산허리로 붙어
내 작은 가슴에
바다 놀로
가득히 그려 놓은 채

날더러는
바다를 건너가지 말라 한
님은
기어코
열려진 바닷길을 건너가네

종소리 없는 백운사*

검은 노다지
자욱 자욱 밟으면서
소소리 들리는
흐린 말소리

노을 붉게 깔린다는
소리 찾아
떡갈나무 숲
네 봉우리 받친
연꽃인 듯
웅크린 극락전

범일 대사도
낭혜 대사도
무학 대사도
석양이 저물 듯

---

* 충남 보령군 성주면 성주리에 있음

속세로
저물어 가버리고

신라인
옛 솜씨는
간데 온데 없이
관리인만 남아
기왓장 위
무성한 잡풀만 보고
한숨짓네

해운대에서

별이
바다 위로
떠있는
작은 불꽃이 되어
춤추는
인간 인간의 도시

불시에
떠오르는
추억만이 쉬어주는
동백섬은
믿음의 작은 섬

속 깊이
감추고 살
기억들을
꿈꾸게 하는
어머니 같은 해운대

해운대에서

소문

입 속에
말이라는 씨앗이 있어
또
말들을
낳아 기르고 있지

말은
어둠의 사슬 속에
목조여
되새김질 하는 도구

말은
멀리 날고만 싶어 하는
미지의 그림자
환상의 그림자

선운사 동백꽃

선운사
동백꽃이
4월 하고도
중순에
만개를 한다기에
갔더니
꽃은 꽃답게
골짜기를 두르는데
지장보살 친견하는
속마음은
꽃이 아니더라

잎 샘

땅이 기지개를 편다

잎과 가지는
가장
알맞는 옷을 입기 위하여
다문
입술을
하나씩 하나씩
터트린다

왼종일
터트리는
그 소리가 그득한
뜰은
뭇발에 밟혀져 가면서도
부드러운 소리로
봄 단장을 한다

사랑으로 오신 날
―박상균 김나영 님 결혼일에 부치며

산 같은 어둠을
이제
훨훨 벗어버리고
새로이 태어나는
자유의 주인이 되소서

혼자이면서도 둘이고
둘이면서도 혼자인
삶의 뿌리 속에서
오직
당신 둘만이
볼 수 있는 눈을 가지소서

그리하여
힘차게
온 몸으로
깊이 사랑을 보여
참빛으로
홀홀히 거듭 피어나소서

시간 비우기

술의 굴레에서
술을 춤추며
술에 빠진
술 벌레
한 마리가
아침을 깨고
저
깊은
적멸의 세상 밖을 나온다

외부로 열려진
염불 곡소리에
혼을 흔드는 힘

내 안에 정지된 질서 속으로
바삐 쓸고 닦지만
벽에 핀 꽃은
또 다른 달마를 부르고 있다

서리꽃

눈도 아닌 것이
이르는 곳마다
잎잎이
기다림의
추위를
힘껏 받아 안으며
밤을 이어
아침을 건너는
햇살에
하늘 가득
흩날리는 꽃잎같이
땅 위에
그 자태를 뽐내네

질곡

잔재된 기억의 파편들을
지워버리기엔
너무 긴 시간이 걸린다

과거와 현재로 이어진
인습의 굴레를
벗지 못한
어리석음 앞에
찾아오는 무지함

무릎을 꿇을 때의 마음과
일어설 때의 마음이
각각 다른 길로 향해
서 있을 때
이것은
아무에게나 보여져서는 안·되는
집착

마음에서 지워졌다고

생각되는
그림자를
도구없이 되새김질하는
자막은 남아서
칼날없는 칼날로
목조여 온다

눈 오는 날

오랜 나무이고 싶어
겨울엔
위태로이 노출되어 있는
꼭대기에서
하늘을 비친
바람은 바람으로
떨어진다
복사꽃이 되어

당신의 향기

한생을 스스럼 없이
선택하고 만들어 가는
희열의 물결은
온통 당신의 향기였습니다

눈이 멀었습니다
눈을 멀게 한
그 향기는
가슴을 헤집고
안 쪽 어디엔가
벌써 자리 해버렸습니다

귀가 멀었습니다
귀를 멀게 한 그 소리는
시방을 두루 거닐며
출구 없이 묻혀 있었던
오만의 때를
말끔히 거두어 갔습니다

보이지 않으려고 했습니다
그렇지만
당신 앞에 서면
끝없이 솟아나오는
그 향기에
그만 그만
위압당하여
다 놓아버리고 나옵니다

허공에 턱 버티고 있는
무등의
산세만큼이나 말입니다

영일만의 아침이여

승속이 함께
어우러진
마음과 마음의
만남을
초연히 털고
일어서는
포구의 작은 아침

햇살자락
한 아름
붉게
물 위로
번쩍
떠올리는
젖가슴

유유히
탈없는
바다

그 흐름의
여음

나는야
길떠남으로
참된
외로움에
눈이
떠진다

'정운스님'이라는 詩 앞에서

그 어느날
휑하니
가슴을 비집고
붓을 드는
거절할 수 없는 사람 사람아

굳이 나를
내보이지 않아도
눈 가득
다짐 되어
빛이 되어오는
손놀림

머무르고 싶지 않아도
머물러지는 마음
얼마를 더 살아야
그리운 몸짓들을
격없이
보여줄 수 있을까

잠깐 머물고
떠날
소유욕에
눈 멀어
울컥
목젖이
뜨거워지는
고뇌

내 모양이
초라해지기 싫어
세상습관을
거절하는 마음은
묶어두지 못할
물처럼
무정하게 흐르리라

너와 나

하나되기 위한
지성의
타래를 풀며

언어도단의 경지로 가기 위한 화두
- 정운의 언어와 시세계

송수권(시인)

I

대전(大田)이 한밭이듯 대천(大川)은 한내다. '한내'라고 친근한 이름을 끌어대면 떠오르는 사람들이 있다. 이문구, 임영조, 김성동 등이 그들이다. 특히 이문구의 『관촌수필』을 통하여 그곳의 풍물과 지리와 순박한 인정미까지가 남김없이 드러나 있어 누구나 한번쯤은 그 서해안의 모랫벌과 산골동네를 보고 싶어 한다.

"…오죽했으면 갈머리라는 원 부락이름이 관촌(冠村)으로 불리어지게 되었겠는가. 양반촌이란 뜻으로 그렇게 부르게 되었다고 한다. 지금도 그 지방 사람들은 원 이름보다 관촌부락이라 해야 얼른 알아듣는 거였다. 마치 그 고을 원 이름 그대로 한내라고 하면 못 알아들어도 대천(大川)이라면 모르는 사람이 없듯."

　정운(淨雲) 스님은 바로 그곳, 가까운 곳에서 구도에 정진하고 있는 시인이다. 그의 두번째 시집 『달을 보는 섬』을 보면 그는 부산에서 출생하여 석남사로 출가하였고 운문사 강원, 내원사 선원, 중앙승가대학을 거쳐 그곳 세원사의 주지 스님으로 있다.

　한내문학, 큰수레 글나눔의 동인으로 활동하고 있으며 이번 시집 『또 다른 이름 되어』는 세번째 시집이 된다. 누군가 서해 낙조를 보고 울지 않는 시인은 이 땅의 시인이 아니라고 했는데, 그의 두번째 시집 『달을 보는 섬』 중에 나와 있는 「해무리」는 서럽다거나 아름답다거나 하는 감정의 발산이 없는 객관적 서경만을 보여줌으로써 이 시인이 얼마나 달관된 경지에서 소요하고 있는가를 가늠케 한다. "남포 방파제를/따라/그 비탈진/산 내림길/비쳐 오르는/보령팔경 중/하나/무창포 노을//이른/여름 해변가에/한가로운/강태공의 낚시//풍랑과/풍석 사이/슬그머니/숨어 들어가는/해무리." 그는 이러한 풍경을 딛고도 참으로 은연자적하며 선미(禪味)를 느끼게 한다. 아마 이런 무창포 노을이 잠기고 밤이 오면 어떨까 싶은데 이 작품에 짝하여 "산 너머 저쪽엔/별똥이 많겠지/날마다 서너 개씩/떨어졌으니//산 너머 저쪽엔/바다가 있겠지/여름내 은하수가/흘러갔으니"하는 이문구의 「산너머 저쪽」이 생각나는 것은 웬일일까. 서해안 시대가 와 중국 쪽에서 내뿜는 굴뚝의 연기와 우리 쪽 굴뚝들이 맞배지기로 내뿜는 최악의 오염지대가 오기에는 아직 이른 때이고 보면, 이런 열린 공간에서 시를 쓰고 사는 정운 시인이야말로 분명 행복한 시인 중의 한 사람임에 틀림없다.

Ⅱ

두번째 시집 『달을 보는 섬』의 여유로운 시적 공간과는 달리 세번째 시집 『또 다른 이름 되어』를 읽어가면서 위에서 보여준 서경적 풍경과는 달리 그의 주관적 발언들이 떠오름을 느꼈다. 이 주관적 발언이나 발화는 한 시인이 성장해가는 과정에서는 반드시 부딪쳐야 할 덕목이다. 이 수행 과정의 여과 없이는 아무래도 큰 시인이 될 수 없기 때문이다. 그러므로 세번째 시집 『또 다른 이름 되어』는 언어도단의 경지로 가기 위한 화두인 셈이며, 그는 이 화두를 붙들고 다소 괴로운 고통에 차 있는 것처럼 보인다.

더 진실하기 위해 촛불을 끄고
어둠 속에서
나 자신이 어디에서 왔다가
어디로 갈 것인가에 대해
당신을 찾고 있습니다
당신은 옴도 감도 없이 자유로우신데
나는 오고 감에 수없이 걸리고 있습니다

위의 작품은 연작시 「무에 이르는 수행의 길목에서 46」이

다. 아다시피 '무(無)'자 공안은 불교에서 '무' 그 자체가 아
니라 묘유(妙有)이다. 이는 참으로 있는 것도 아니요 없는
것도 아니다. '없다' '있다'의 표현은 벌써 이 개념에서 걸려
넘어지기 때문이다.

어떤 사람이 내게 와서 말했습니다
시란 먹고 할 일 없는 사람의 넋두리라고요
내가 시를 잉태하는 고통을 모르는
그를 무지한 사람으로 보고 싶지 않아서
눈길 한번 주지 않았습니다
그건 그 사람의 깊이고 견해이니까요.

위의 연작시 중 '47'인데, '무엇'을 묻기 위한 발언이며 발
화다. '무엇'이란 바로 묘유(妙有)의 경지를 이름이다. '46'
의 화두에서처럼 묘유의 경지를 터득하지 않고는 '나〔眞我〕'
도 없으며 내가 찾는 절대 자유쟈〔님〕도 없는 것이다. "오는
자리가 없으니 가는 자리도 없다(行行本處 至至發處)"는 이
화두야말로 다음 보이는 「내 소리」라는 작품으로서 그는 항
변하면서 대응의 자리, 본처〔本處〕를 만들고 있음을 알 수
있다.

보소
도대체 시란 것이 무엇이오
다

내 소리오

내 소리만 하다가
내 소리에
지치고 마는
그런 그런 말뿐이지요

그런데
왜
놓아 버리지도
털어 버리지도 못한
연습을 거듭하는지 모르겠소

이 업의 고리가
다음 생으로
이어진다 해도

나는
거부하지 않는
그런 그런 시인이어야겠소
그것이
훨씬 잘 어울릴 것 같지 않소

그러므로 화두 '47'에 대한 분명한 대답, 또는 '46'에서 찾고 있는 '당신'은 바로 다름 아닌 정운 그 자체의 모습인 셈이다. 그는 언어도단의 경지〔자리〕가 있음에도 불구하고 언어를 놓아버릴 수 없는 실존자로서의 삶을 지향하고 있다.

Ⅲ

이상과 같이 평이한 진술로 그의 시적 태도나 신념을 드러낸 것으로 보아 앞으로 그의 시가 어떤 색깔을 띠고 나타날 것인가는 자못 궁금한 일이다. 흔히 산중의 '스님'이라면 선적(禪的)인 언어를 연상하기 십상이다. 선적인 언어에는 현실공간이 빠져버리기 쉽다. 이 말은 '현실'이라는 속된 삶 자체를 깨우쳐서 선적 공간으로 승화시킨다는 말과는 다르다. 참으로 좋은 선어(禪語)는 현실 체험을 걸러서 그것이 만다라처럼 피어야 하는데 그렇지 않다는 점이다. 좋은 선어란 불교적·용어가 아니라 시궁창의 언어며 지극히 현실적인 언어의 시다. 이의 전범(典範)을 잘 보여준 이가 바로 만해다. 『님의 침묵』 전편을 뒤져봐도 어려운 선어는 한 군데도 나와 있지 않다. 오히려 우리 말의 말가락을 세련되게 하여 막힘이 없이 유창하다. 이럴 때만이 시로써 도를 이룬 것이 아니라 도로써 시를 이루었다고 해야 할 것이다. 누구의 시에선가 이런 구절이 생각난다. "산꼭대기에 뭐가 있다 하는가/내려오게나/삼거리 복사꽃 피어/오늘도 걷는다마는." 참으로 속된 노래처럼 들리지만 상구보리 하화중생이란 어법을 쓰지 않고도 깨달음의 경지를 시적으로 전달해준다. 시에서

117

는 승속이 따로 없고 그 쓰임의 어법이 따로 없음을 그대로
잘 보여주는 경우다.
　물론 정운 시인의 경우에도 '허무' '수행' '자비' '중생' 등
의 시어가 안 나오는 것은 아니지만, 이런 어법 몇 개를 덜어
내고는 순수 우리 말가락 그대로 시세계를 열어주어 진솔하
기가 이를 데 없다.

　　동인지「이슬을 털며」
　　내 품으로 오던 그날

　　서울 하늘은
　　그리
　　흐리기만 하더니
　　내가 그 안에 있는 동안
　　또 다른 이름되어
　　미끄러지는 듯
　　떠밀려
　　긴
　　기다림의 운율은
　　시(詩)가 되어
　　장항선을 달린다

　　바다가 있는
　　어느 시인에게로,

118

늘 가고 오는
길목이지만
새삼
떨리는 가슴을
부여잡은
말과 생각은
여물어
이름이 되고
흐르는 샘물이 되어
약속된 곳에서
천년의 가락으로
피어나지만

나는
어차피
대천에서 내려
매일 아침
이슬을 털며
수많은 말들을
삭제하는
기능사로
기억되어야 하는
필연적인 이름 하나에

모두를 내맡긴다

오늘도 그렇고
내일도 그러하듯이
내 앞에
움틀거리는
이
팔만사천 가지
연극이
끝날 때까지
숨 쉬어 주어야 할
또 다른 이름
그 앞에 서면
나는
늘
고개 들 수 없는
큰 죄인이어라.

―「또 다른 이름 되어」전문

　보다시피 표제시라고 할 수 있는「또 다른 이름 되어」에서
는 그리움으로 출렁이는 시적 정서가 서성거리고 있다. '이
슬' '장항선' '기능사' '길목' 등의 어법이 시를 제자리에 가
져다 앉히고 시인의 겸허하고도 부끄러운 그러면서도 긍정
적인 세계가 믿음을 준다. 큰 언어, 큰 행위가 시적 믿음이나

정서를 유발하는 것이 아니라 작고 부드러운 언어와 행동에서 발화자와 수신자 사이에 믿음이 형성된다. 이 점이 시의 진실성이다. 시란 결국 사람 사는 이야기, 풀꽃 한 송이의 아름다움을 감동적으로 전하면 그뿐이다. 크고 무거운 것보다는 사소하고 작고 부드러운 것이 우리 가슴을 어루만지고 구원처를 마련해준다.「무에 이르는 수행의 길목」의 연작시에서 보이는 생생한 의식이나 고통의 노출보다는「또 다른 이름 되어」에서는 언어의 향기까지를 지니면서 시인의 거친 숨소리가 아니라 선한 마음의 향기까지를 전달해준다.

Ⅳ

욕심을 내면 끝이 없겠지만 구도자의 삶을 지향하면서 정운의 정운다운 언어는 꼬리를 치며 흘러간다.「곶감」「그 가을 칠장사에서」「중구절…」「우체부」등의 낯익은 말들 그것이다.

죽은 할미의
손끝이
가을을 골라
처마 밑을
하나하나 수놓는다

겨울 밤

우는 아이 간식으로
호랑이도 무섭다는
전설이
한 줄씩 두 줄씩
처마 밑
햇빛 속에 타오를 때

내 할미는
저승에서도 가을이 오면
맛든 감 깎아
가을을 수놓을까

　곶감이란 시의 전반부다. 후반부에는 '극락왕생' '지장경' 등 막히는 말이 나와서 고의로 인용을 삼갔지만, 전반부의 내용만 가지고 보더라도 전통어법에 아주 충실하고 있는 시다. 더구나 바랑을 메고 오서산을 오르다 어느 산집에 메달린 '곶감'을 보고 할미를 연상하고 추억을 떠올리는 장면은 지극히 인간적이다. 바랑을 지고 산천을 누비는 유랑의 정서, 세번째 시집 『또 다른 이름 되어』에는 이 정서로 가득 물들어져 있다. 그것은 그 자체만으로서도 '참나〔眞如〕'를 찾아나서는 의미, '부처와 내가 한 몸이다'라는 그 진리에 도달하기 위한 또 다른 방편으로서 정운 시인의 언어는 개별적이면서 개성적으로 설 자리를 마련한다. 이것이 곧 구도자의 참뜻일 것이다.

　흔히 현대시의 특징을 긴장과 압축, 경쾌한 속도감, 부정과 파괴의 어법으로 단정하기 쉽지만 궁극적으로 긍정적인 정신이 빛나지 않을 때, 그 언어는 이 세상에 더 보탤 것이 없다. 어떠한 상징과 비유를 끌어오더라도 그것은 따뜻한 긍정으로 돌아와야 한다고 릴케는 『말테의 수기』에서 밝히고 있음을 보아 귀담아 들을 만하다.

　이런 의미에서 정운 스님의 언어는 따뜻하고 믿음직하다. 붓다께선 이승을 불집〔火宅〕이라고 했던가? 그렇다면 우리는 누구나 불집에 살고 있다. 이 불집에서 불을 끌 수 있는 언어와 시세계, 다시 말하면 보다 깊이 있는 예술성 탐구와 민족어의 완성을 향한 구체적인 노력에 힘을 기울여야 할 것이다. "이 업의 고리가/다음 생으로/이어진다 해도//나는/거부하지 않는/그런 그런 시인이어야겠소."라고 하는 발화를 통하여 그의 시적 태도와 언어에 대한 소명감을 이미 살펴보았지만 그 소명감 속에 나는 어떤 '나무' 하나를 심어 둘 것을 주문한다. 그 나무란 다름 아닌 소요산에 있다는, 유혹을 물리치는 미곡나무라는 나무다. 껍질을 벗겨 몸에 지니면 결이 검은 그 껍질에서 이상하게도 발이 검은 그 껍질에서 이상하게도 빛이 난다고 한다. 그 미곡나무 껍질 같은 언어가 그의 정신을 감싸는 옷이 되어주기 바란다. 또한 동시에 '수많은 말들을 삭제하는 기능사'로서의 재단사가 되어주기를 바란다. 대성을 빈다.

불광승려시선 5

또다른 이름되어

첫판 찍음 ──── 1995년 4월 1일
첫판 펴냄 ──── 1995년 4월 5일

지은이 ──── 정운
펴낸이 ──── 고병완
펴낸곳 ──── 불광출판부
          138-190 서울 송파구 석촌동 160-1
          대표전화 (02) 420-3200·3300
          팩시밀리 (02) 420-3400

등록일 ──── 1979년 10월 10일
등록번호 ──── 제1-183호

◉ 잘못된 책은 바꾸어 드립니다.

값 3,500원